20 AVRIL 1849

CATALOGUE

D'UNE JOLIE COLLECTION DE

TABLEAUX

Des Écoles Italienne, Flamande, Hollandaise et Française,

BORDURES,

DONT LA VENTE AURA LIEU

POUR CAUSE DE DÉPART

Et cessation de Commerce de M Adolphe Warneck,

Les Vendredi 20 et Samedi 21 Avril 1849,

HEURE DE MIDI

HOTEL DES VENTES, RUE DES JEUNEURS, 42,

Par le ministère de Me BONNEFONS DE LAVIALLE,
Commissaire-Priseur, rue de Choiseul, 11 ;

Assisté de M. FRANÇOIS, Peintre-Expert,
Rue Bergère, 30.

EXPOSITION PUBLIQUE

Le Jeudi 19 Avril de midi à 4 heures.

1849.

AVERTISSEMENT.

Cette Collection, dont nous donnons ci-après le Catalogue, forme la seconde et dernière partie de la vente qui a été faite le 10 et le 11 de ce mois, et qui appartenait à M. WARNECK.

Une partie de ces Tableaux provient également de diverses Collections connues et de ce qu'il a rapporté de différents voyages.

DÉSIGNATION

DES

TABLEAUX.

DEROY (DE BRUXELLES) (GENRE DE).

1. Une Femme trait une vache en gardant son troupeau qui se repose sur la pelouse ; dans le lointain on aperçoit une voiture de foin.

MAAS (N.).

2. Portrait d'une dame caressant une levrette.

VAN HUYSUM (JUST).

3. Bouquet de fleurs dans un vase posé sur une table de marbre.

SLINGELAND.

4. Intérieur rustique, dans lequel on voit une

femme tenant une cuillère-à-pot. Divers accessoires enrichissent cette composition.

PATEL (P.).

5. Paysage avec ruines ; quelques animaux occupent le premier plan.

POELEMBOURG (C.).

6. Satyres et Nymphes dans un paysage.

Du Même.

7. Pendant du précédent.

BRAUWER (A.).

8. Intérieur, dans lequel on voit un paysan qui allume sa pipe.

DE WITTE (Emmanuel).

9. Intérieur d'église orné de figures.

TENIERS (David).

10. Très joli Pastiche représentant Bethsabée au bain.

OSTADE (École d').

11. Intérieur dans lequel une femme verse à boire à un paysan à demi ivre.

LENTZEN (Attribué a).

12. Moutons au repos sur la pelouse.

LÉPICIÉ.

13. Tête de jeune garçon.

VIDAL.

14. Bouquet de fleurs.

Du Même.

15. Fruits et Gibier; une Perdrix est suspendue par les pattes.

CARPENTERO.

16. Un Berger gardant des moutons.

MOMERS (Ecole Hollandaise moderne).

17. Une Femme assise plume une poule. Plus loin on voit des buveurs. Tableau d'une belle couleur.

HONDEKOTER.

18. Poules et Coqs effrayés par divers oiseaux de proie.

VAN KESSEL.

19. Fruits de différentes natures déposés sur une tablette.

VAN TOL (D.).

20. Une vieille Femme lisant. Imitation de Gérard Dow.

BRAUWER (A.).

21. Un Joueur menaçant d'un couteau son adversaire.

Du Même.

22. Un Buveur, tenant un verre à la main, est assis

près d'une table, sur laquelle il y a un pot de bière.

VAN KESSEL.

23. Coqs et Poules. Tableau très fin.

Du Même.

24. Divers Poissons répandus sur la plage.

CRANACK (Lucas).

25. La Mise au tombeau. Le Christ couché est entouré de saintes femmes richement costumées.

SCOWAERT.

26. Un Muletier conduit ses mulets sur une route qui traverse un paysage dans lequel on aperçoit des fabriques.

STEIN (J.).

27. Tête de femme.

VAN KESSEL.

28. Concert de chats. Ce tableau provient du cabinet Choiseul. Il est gravé dans l'œuvre.

JORDANS (J.)

29. Portrait d'homme les mains jointes.

POUSSIN (Lemaire).

30. Paysage avec ruines, dans lequel on voit une chèvre entourée d'amours.

DU MÊME.

31. Pendant du précédent. Tableau d'une belle couleur.

MIEL (J.)

32. Scène de carnaval sur la place du peuple à Rome. Tableau clair et agréable.

VAN FALENS.

33. Retour de la chasse. On voit dans le fond un chasseur donnant de la trompe ; sur le devant, un fauconnier ; d'autres personnages font boire leurs chevaux.

GREUZE (J.-B.)

34. La nuit commence à paraître, les vents soufflent, les éléments sont déchaînés. Une femme a un lion à ses côtés, symbole de la force. Ce tableau est peint lorsque Greuze peignait l'histoire.

PEETERS (BONAVENTURE).

35. Mer calme surchargée de bâtiments de différentes natures.

ZURBARAN.

36. Tobie et l'Ange. Il fait brûler le foie du poisson qu'il tient à la main.

ROOS (HENRI).

37. Vaches et Chèvres au repos.

AUBRY.

38. La Marchande de légumes.

DU MÊME.

39. La Marchande de chapelets.
Deux jolis petits tableaux de ce maître.

GREVENBROCK.

40 Paysage traversé par une rivière, orné de figures.

FRANCK (F.).

41. Le Christ en croix entre les deux larrons, est entouré des saintes femmes et de cavaliers. Tableau de la plus belle qualité de ce maître.

NESTCHER (C.).

42. Portrait de femme richement costumée.

MOMERS.

43. La Danse des Bergers. Composition agréable.

PANINI (J.-P.).

44. Une Femme et un Enfant gardent une chèvre à travers des ruines.

MIGNARD.

45. Portrait de madame de Maintenon.

MILLET (F.).

46. Paysage avec monuments. Vue prise aux environs de Rome.

CAMPODIGLIO

47. Fruits et Fleurs.

DU MÊME.

48. Pendant du précédent, dans lequel on voit un vase de Chine.

OUDRY.

49. Un Chien guettant un Canard dans les roseaux.

NATTIER.

50. Portrait du duc de Bourgogne.

LENTZEN.

51. Moutons sur la pelouse. Dans le fond, on aperçoit un Chasseur.

CARPENTERO.

52. Moutons au repos.

MIEL (J.).

53. Auberge en ruines; la maîtresse du logis verse à boire à un voyageur qui est accompagné de son chien.

VANDER BENT.

54. Une jeune Fille garde son troupeau dans un paysage, où l'on voit une cascade et de grands arbres.

VANGOYEN.

55. Vue d'une Plage, ornée d'une grande quantité de personnages.

JORDANS (J.).

56. Une Femme portant une corbeille de Fruits.

SALVIOUSE.

57. Vue d'un Palais sur le bord de la mer, à travers lequel on voit plusieurs bâtiments.

BREUGHELS.

58. Paysage avec Cascades, dans lequel on voit Jésus-Christ faisant recouvrer la vue aux aveugles

SAUVAGE.

59. Grisaille. Jeu d'enfants.

TENIERS (D.)

60. Intérieur de corps de garde dans lequel on voit Armures et Drapeaux. Un Officier converse sur le premier plan, dans le fond on aperçoit des soldats près du feu.

DU MÊME.

61. Un Espion est amené par des soldats devant un Chef qui lui lit sa sentence.

ANTONISSEN.

62. Une Bergère gardant son Troupeau sous des arbres près d'une prairie baignée par une rivière.

DU MÊME.

63. L'Abreuvoir, pendant du précédent.

BAPTISTE.

64. Bouquet de Fleurs sur un riche tapis.

VERDUSSEN.

65. Vase de Fleurs sur une Table de marbre.

CANO (ALONZO).

66. La Madeleine, la tête entourée d'une auréole d'or a les mains croisées et appuyées sur un riche tapis; ses cheveux retombent sur ses épaules.

VAN STRIES.

67. Une Femme trait une Vache noire; deux autres se reposent sur la pelouse.

ROBERT.

68. Paysage avec Ruines, enrichi de figures.

RAVESTEIN.

69. Portrait d'homme à collerette.

VANDER-BENT.

70. Rendez-vous de Chasse. Un cavalier se repose et converse avec une dame qui est à cheval. Une rivière traverse le paysage.

MOMERS.

71. Bergers et Bergères se reposant près d'une Fontaine.

STEIN (J.)

72. Un Vieillard prend le menton à la maîtresse du cabaret qui tient un pot à la main ; deux autres personnages occupent le second plan.

BONIFATIO.

73. Le Vœu de Jephté.

DU MÊME.

74. Trois autres sujets tirés de l'Histoire-Sainte.

LANTARA.

75. Matinée. Paysage sillonné par une rivière : le premier plan est occupé par quelques figures.

KOBEL.

76. Deux Vaches et deux Moutons sur le versant d'une colline.

CORTONE (P. DE).

77. Renaud et Armide dans un paysage.

LEDOUX (MLLE).

78. Le petit Garçon à la Pomme.

CUYP (ATTRIBUÉ A).

79. Chasseur au repos ; il a près de lui son fusil et un levrier.

LESSORE (ÉMILE).

80. Une Mère tenant son fils sur ses genoux à l'ombre d'un arbre.

CRASBECK.

81. Un jeune Garçon cherchant les puces à son chien.

GODFROY.

82. Intérieur d'un parc ; copie d'après Watteau.

HOLBEIN.

83. Portrait de femme. Daté de 1548.

ABSOVEN.

84. Intérieur d'estaminet. Une femme est sur le premier plan ; on voit dans le fond des buveurs près d'une cheminée.

ÉCOLE MODERNE.

85. Vase rempli de fleurs.

REGNAULT (LE B.).

86. Le Triomphe d'Amphitrite. (Esquisse.)

M. DORCY.

87. Tête de Vierge d'après le Corrège.

DENOY.

88. Corbeille remplie de Fleurs.

DU MÊME.

89. Bouquet de Fleurs.

BOILLY.

90. Tête de jeune Fille.

HAMILTON.

91. Faisans argentés, mâle et femelle.

HOBBEMA (D'APRÈS).

92. Coup de soleil à travers un paysage boisé, dans lequel on voit quelques chaumières.

MEURANT (E.).

93. Paysage avec une chaumière en ruines.

FYT (J.).

94. Lièvre pendu par les pattes; plusieurs pièces de gibier.

VAN-ASCH.

95. Paysage traversé par une rivière, sur laquelle il y a un pont; à droite on voit une chaumière avec quelques figures.

DE GUELDRE (Arnold de).

96. Tête d'homme.

RUBENS (D'APRÈS).

97. Tête de femme.

MARATTE (C.).

98. Le Christ en croix, pleuré par les saintes femmes.

Du Même.

99. Pendant du précédent. La Vierge apparaissant à un saint.

BELLIN (J.).

100. Sainte Famille, saint Jean et sainte Catherine.

NATTIER.

101. Portrait d'une dame de distinction, sous le costume de bergère.

NETSCHER.

102. Portrait d'un Jeune Garçon (Forme ovale).

MURILLO.

103. Saint François agenouillé devant l'Enfant Jésus.

VERKOLIÉ.

104. La chaste Suzanne devant ses juges.

BELLIN (J.).

105. La Vierge et saint Joseph en adoration devant l'Enfant Jésus.

BOUCHER (ECOLE DE).

106 Deux Nymphes au bain ; près d'elles un cygne.

VANDER-LAENEN.

107. Sur la terrasse d'un jardin, près de la porte du château, Cavaliers et Dames dans un costume élégant, sont groupés autour d'une table et font de la musique ; un Officier de la cour et une Dame de distinction y assistent. Tableau qui rappelle la brillante couleur de Rubens.

DEHONT.

108. Combat livré en pleine campagne. Ce tableau est remarquable par sa couleur et sa belle entente de lumière.

BAPTISTE.

109. Beau Vase de fleurs de différentes espèces.

Du Même.

110. Autre Bouquet de fleurs.

VAN-ARTOIS.

111. Beau et grand Paysage accidenté, dans lequel on voit un Départ pour la Chasse ; les figures sont de Verschuring.

WICH (Thomas).

112. Le Médecin aux urines. Tableau d'une belle entente de lumière.

DE WETTE.

113. Le Frappement du rocher. Tableau dans la couleur de Rembrand.

ECOLE VÉNITIENNE.

114. Sujet allégorique.

WICK (Thomas).

115. Vue d'un Port de Mer d'Italie

Du Même.

116. Vue d'un Port du Levant, sur lequel on débarque des marchandises.

CUYP (A.).

117. Portrait d'homme tenant une oie à la main et un papier sur lequel est écrit : *Mon oie fait tout.*

Du Même.

118. Une Femme coiffée d'un chapeau de paille, tient un coq dans ses bras.

WENINX (J. Genre de).

119. Un Seigneur partant pour la chasse, est accompagné par un page richement costumé, qui tient son cheval.

CHAPRON.

120. Diane et Endymion.

CORTONE (Pierre de).

121. Saint Pierre implorant son pardon devant Jésus-Christ qui porte sa croix.

ROBERT.

122. Plusieurs Figures groupées au pied d'une pyramide.

FYT (J.).

123. Gibier mort gardé par un chien.

RUBENS (ÉCOLE DE).

124. La Charité.

MIRVELT.

125. Portrait d'une dame de qualité richement costumée, peint sur bois.

OUDRY.

126. Un Oiseau de proie fondant sur un canard sauvage.

INCONNU.

127. Quatre Paysages et architecture. Ce numéro ne sera pas divisé.

CALABRÈZE (MATTEO).

128. Trois Tableaux ; sujets bibliques.

MARATTE (CARLE).

129. L'Adoration des Bergers.

VAN DELEN.

130. Vue intérieure d'un palais.

TÉNIERS (DAVID).

131. Tableau capital représentant une marchande de légumes, poissons et volailles.

PÉRELLE.

132. Joli Paysage traversé par une rivière ; ce tableau est dans le sentiment de Claude Lorrain.

BRAECKLER.

133. Une jeune Dame à sa fenêtre, écoutant un concert.

CASTIGLIONE (BENEDETTE DE).

134. Un vieux Pâtre dans un paysage.

LAGRÉNÉE.

135. Vénus désarmant l'Amour ; tableau gracieux.

DU MÊME.

136. Pendant du précédent. Ces deux tableaux sont de la belle qualité du maître.

LATOUR.

137. Portrait d'Homme (Pastel).

DU MÊME.

138. Deux jeunes Filles.
139. Sous ce numéro de division, il sera vendu plusieurs bons Tabeaux et Bordures.

www.ingramcontent.com/pod-product-compliance
Lightning Source LLC
Chambersburg PA
CBHW030112230526
45471CB00003B/1388